BEI GRIN MACHT SICH IHR WISSEN BEZAHLT

Bibliografische Information der Deutschen Nationalbibliothek:

Die Deutsche Bibliothek verzeichnet diese Publikation in der Deutschen National-
bibliografie; detaillierte bibliografische Daten sind im Internet über http://dnb.d-
nb.de/ abrufbar.

Dieses Werk sowie alle darin enthaltenen einzelnen Beiträge und Abbildungen
sind urheberrechtlich geschützt. Jede Verwertung, die nicht ausdrücklich vom
Urheberrechtsschutz zugelassen ist, bedarf der vorherigen Zustimmung des Verla-
ges. Das gilt insbesondere für Vervielfältigungen, Bearbeitungen, Übersetzungen,
Mikroverfilmungen, Auswertungen durch Datenbanken und für die Einspeicherung
und Verarbeitung in elektronische Systeme. Alle Rechte, auch die des auszugsweisen
Nachdrucks, der fotomechanischen Wiedergabe (einschließlich Mikrokopie) sowie
der Auswertung durch Datenbanken oder ähnliche Einrichtungen, vorbehalten.

Impressum:

Copyright © 2014 GRIN Verlag, Open Publishing GmbH
Druck und Bindung: Books on Demand GmbH, Norderstedt Germany
ISBN: 9783656831167

Dieses Buch bei GRIN:

http://www.grin.com/de/e-book/283096/die-darstellung-der-stadt-als-eine-wasser-
landschaft-in-oskar-loerkes-sonett

Eliane Rittlicher

Die Darstellung der Stadt als eine Wasserlandschaft in Oskar Loerkes Sonett "Blauer Abend in Berlin"

Erarbeitung des Stadtbildes mittels der handlungs- und produktionsorientierten Methode des Lückentextes und anschließender Textanalyse

GRIN Verlag

Entwurf einer Unterrichtsstunde im Fach Deutsch

Aufgabenstellung:

Planen und halten Sie eine Unterrichtsstunde innerhalb einer Reihe zur Großstadterfahrung in der Lyrik des Expressionismus. Wählen Sie Ihren Schwerpunkt selbst.

Thema der Unterrichtsreihe:

Großstadterfahrungen in der Lyrik des Expressionismus

Thema der Unterrichtsstunde:

Die Darstellung der Stadt als eine Wasserlandschaft
in Oskar Loerkes Sonett
Blauer Abend in Berlin

didaktisch-methodischer Schwerpunkt:
Erarbeitung des Stadtbildes mittels der handlungs- und produktionsorientierten Methode
des Lückentextes und anschließender Textanalyse

Inhalt

1. Einordnung der Stunde in die Unterrichtsreihe

Thema der Unterrichtsreihe: Großstadterfahrungen in der Lyrik des Expressionismus

Stun de	Thema	Kompetenz
	Anonymität und Einsamkeit	
1	Themen der Malerei des frühen 20. Jahrhunderts – affektive Annäherung an expressionistische Großstadtwahrnehmung	• Sprechen, Präsentieren und Zuhören
2 3	**A. Wolfenstein:** *Städter* – Verspuzzle, innerer Monolog aus der Perspektive eines Städters	• Lesen, Erschließen und Bewerten literarischer Texte • Schreiben, Gestalten und Präsentieren von Texten
4	**Gedichtform des Sonetts, Zusammenhang zwischen Form und Inhalt**	• Lesen, Erschließen und Bewerten literarischer Texte
	Verehrung eines falschen Gottes	
5	**G. Heym:** *Der Gott der Stadt* – Lückentext	• Lesen, Erschließen und Bewerten literarischer Texte
6	**Zeitgeschichtliche Aspekte des Expressionismus** - Plakate erstellen	• Lesen, Erschließen und Bewerten pragmatischer Texte • Sprechen, Präsentieren und Zuhören
	Der Verlust von Sinn und Ordnung	
7 8	**A. Lichtenstein:** *Die Dämmerung* – Parallelgedicht „Pausensekunde", in dem Lichtensteins Simultantechnik zur Anwendung kommt	• Schreiben, Gestalten und Präsentieren von Texten • Reflektieren über Sprache und Sprachgebrauch
	Monotonie und Kälte in menschlichen Beziehungen	
9	**P. Zech:** *Fabrikstraße tags* – Lückentext	• Lesen, Erschließen und Bewerten literarischer Texte
10	Stadtbilder expressionistischer Stadtgedichte	• Lesen, Erschließen und Bewerten literarischer Texte

	Aufgehoben in der Ordnung der Lebensform Stadt	
11	O. Loerke: *Blauer Abend in Berlin* – Die Darstellung der Stadt als eine Wasserlandschaft - Lückentext	• Lesen, Erschließen und Bewerten literarischer Texte
12	*Die Menschen – aufgehoben in der Ordnung der Lebensform Stadt* – Textanalyse	• Lesen, Erschließen und Bewerten literarischer Texte
	Begeisterung für die große Stadt	
13	A. Lichtenstein: *Gesänge an Berlin* – Brief, der die Begeisterung des lyrischen Ichs zum Ausdruck bringt	• Schreiben, Gestalten und Präsentieren von Texten
	Die Liebe – käuflich und oberflächlich	
14	G. Benn: *Nachtcafe* - Lückentext	• Lesen, Erschließen und Bewerten literarischer Texte
15	Großstadterfahrungen in der Lyrik des Expressionismus und heute	• Sprechen, Präsentieren und Zuhören

2. Standards und Kompetenzen

Kompetenz	Standards des Rahmenlehrplans	Konkretisierung	
		Stand der Kompetenzentwicklung	Konkretisierung der Standards für diese Stunde

Im RLP für die gymnasiale Oberstufe sind im Kompetenzbereich Lesen, Erschließen und Bewerten literarischer [...] Texte folgende Standards ausgewiesen: „Die Schülerinnen und Schüler [...] erkennen und analysieren literarische [...] Texte in ihrer Textsortenspezifik [...], entwickeln und belegen eigene Deutungen zum Text und verständigen sich mit anderen darüber und [...] wenden analytische, erörternde und produktive Methoden der Texterschließung an." (RLP, S. 12)

Die S. sind mit der Methode des Lückenfüllens weitgehend vertraut und zunehmend bereit und in der Lage, sich mittels dieser Methode lyrische Texte zu erschließen. In Teilen tun sich die S. schwer, sich für Begriffe zu entscheiden und ihre Ergebnisse zu präsentieren. Ein Teil der S. erkennt bei der Präsentation des Originaltextes dessen Besonderheiten und kann diesem den eigenen Text gewinnbringend gegenüberstellen. Anderen S. fällt dies schwer, z.B. weil sie denken, sie hätten die Lücken nicht „richtig" gefüllt/ das Original sei die Lösung, auf die sie hätten kommen sollen. Dem entsprechend fällt ihnen auch die aus der Gegenüberstellung resultierende Interpretation des lyrischen Textes eher schwer. Eng mit dieser Methodenkompetenz verbunden ist die Fähigkeit, eigene Deutungen zum Gedicht zu entwickeln und sich darüber mit anderen S. zu verständigen: Insbes. den leistungsstärkeren S. fallen relevante Textstellen ins Auge, sie können vom Text abstrahieren und andere Gedichte oder historische Aspekte in ihre Deutung mit einbeziehen und sich über diese mit Mitschüler/innen austauschen. Auch die mittelstarken S. können unter Anleitung oder gemeinsam mit anderen Deutungshypothesen entwickeln, dabei gehen sie nur in Teilen über den vorliegenden Text hinaus. Den leistungsschwächeren S. fällt es schwer, Textstellen zu identifizieren, die für die Interpretation besonders relevant sind. Die bilderreiche Sprache einiger expressionistischer Gedichte können sie nur schwer entschlüsseln bzw. sind unzufrieden, wenn einzelne Textstellen sich der „Übersetzung" verweigern. Während leistungsstarke S. zu der im Text angebotenen Sicht auf die Stadt Position beziehen können und zu vergleichsweise differenzierten Urteilen gelangen, bleibt die Beurteilung der leistungsschwächeren Schüler/innen eher an der Oberfläche. Die bei der Beurteilung herauszustellenden Besonderheiten eines Textes werden in erster Linie von den leistungsstarken S. benannt.

Die S. erweitern ihre Methodenkompetenz im Hinblick auf das produktionsorientierte Erschließen von literarischen Texten, indem sie die Lücken des vorliegenden Gedichtfragments sinnvoll füllen, d.h. möglichst Wörter finden, die im Hinblick auf Wortart und Kontext passend sind. Da die S. sich mit dem Gedichtgerüst auseinandersetzen, wenn sie nach passenden Wörtern suchen, findet eine induktive Texterschließung statt. Indem die S. ein Ergebnis vorstellen und ihre Wortwahl begründen und erläutern bzw. die vorgestellte Wortwahl kommentieren und anschließend mit dem Original vergleichen, erweitern sie ihre Analysekompetenz im Hinblick auf lyrische Texte. Die Analysekompetenz der S. wird auch erweitert, wenn sie die Vergleiche/ Gleichsetzungen von Elementen aus dem Bereich *Wasser* mit Elementen aus dem Bereich (*Groß-*) *Stadt* herausarbeiten und das so vermittelte Stadtbild als eine Wasser-Stadt erkennen bzw. erkennen dass hier die Bereiche *Wasser* und *Stadt* miteinander verbunden werden. Ihre Kompetenz, Deutungen zu einem lyrischen Text zu entwickeln und zu belegen und sich über diese Deutungen mit anderen zu verständigen, erweitern die S. indem sie die so vermittelte Sicht auf Stadt beurteilen und das Stadtbild mit anderen expressionistischen Stadtbildern vergleichen. Die Beurteilung dieses Stadtbildes wird vermutlich in erster Linie den leistungsstärkeren S. gelingen.

3. Allgemeine und individuelle Lernvoraussetzungen

Ich unterrichte die Klasse X (11. Klasse, Basiskurs) seit Beginn des Schuljahres 2008/09 eigenständig im Fach Deutsch. Die Lerngruppe besteht aus 23 Schüler/innen – 12 Mädchen und 11 Jungen. Von Beginn an habe ich die Schüler/innen geduzt, da dies auch so von ihnen gewünscht wurde.

Ein Großteil der Schüler/innen arbeitet während des Unterrichts konzentriert und engagiert und gewissenhaft; einige Schüler müssen allerdings kontinuierlich zur Mitarbeit (Timo, Wanja, Pascal, Alexander)[1] und zur Erledigung der Hausaufgaben (Timo, Daniel, Alexander) aufgefordert werden.

Als mit Abstand leistungsstärkste Schülerin ist Dulgu zu nennen: Sie erschließt sich auch anspruchsvolle literarische (und pragmatische) Texte sicher, kommt weitgehend selbstständig zu reflektierten Interpretationsergebnissen und kann diese im Unterrichtsgespräch sicher vertreten. Auch Hannah, Michael, Isa, Kim, Felicitas und Christoph sind relativ leistungsstark, beteiligen sich mit weiterführenden Beiträgen am Unterrichtsgespräch, belegen ihre Interpretationsergebnisse am Text, setzen neues methodisches Wissen recht schnell um und beziehen sich auf die Beiträge anderer Schüler/innen.

Schüler/innen mittlerer Leistungsstärke, z.B. Eva, Tanja, Aylin, Seda, Mahmod, Daniel, Bert und Silke, beteiligen sich relativ konstant am Unterrichtsgespräch, wobei ihre Beiträge eine zielgerichtete Auseinandersetzung mit dem Unterrichtsgegenstand belegen.

Markus und Moritz sind bzgl. ihrer mündlichen Mitarbeit nicht konstant, wobei sie – meist erst nach Aufforderung – gelegentlich den Unterricht weiterführende Beiträge liefern. Auch Alexander, ein recht eigenwilliger Junge, äußert zwar – meist innerhalb einer Partnerarbeit oder gegenüber der Lehrperson – ab und an gute Ideen. In Gruppen- oder Partnerarbeitsphasen integriert es sich jedoch eher zögerlich und hält sich auch im Unterrichtsgespräch meist zurück.

---

[1] Alle Namen geändert.

Kim und Pascal sind im Unterrichtsgespräch eher zurückhaltend und tun sich, ebenso wie Wanja und Tim, mit einem kreativen Umgang mit Texten eher schwer. Während Kim durchaus reflektierte Beiträge liefert, sind Pascal, Wanja und Tim auch auf ihre textinterpretatorischen Fähigkeiten deutlich als leistungsschwach zu kennzeichnen. Zu bemerken ist, dass die – laut Aussage der vorherigen Deutsch- und Klassenlehrerin – drei leistungsstärksten Schülerinnen ihr 11. Schuljahr im Ausland absolvieren.

Die Einschätzung der vorherigen Deutsch- und Klassenlehrerin, die Schüler/innen der Ea seien verhältnismäßig leistungsstark und –bereit, insbesondere in Bezug auf textanalytische und –interpretatorische Arbeitsformen, jedoch nicht sonderlich leistungsstark und gewillt, wenn von ihnen Kreativität im Umgang mit Texten gefordert sei, sah ich im Laufe der ersten Stunden dieser Unterrichtsreihe bestätigt: Aufgrund der Beschäftigung mit politischer und mit Liebeslyrik im Deutschunterricht der 9. bzw. 10. Klasse können die Schüler/innen bei der Analyse auf ein Grundwissen in Bezug auf poetische Stilmittel und formale Aspekte der Gedichtanalyse und -interpretation zurückgreifen. Einer handlungs- und produktions-orientierten Erschließung von literarischen Texten standen sie jedoch mit einer gewissen Skepsis (teilweise sogar mit Ablehnung) gegenüber. Der kreative Umgang mit lyrischen Texten erschien ihnen eher merkwürdig oder sinnlos („Was bringt das denn?").

Eine explizite Thematisierung von Sinn und Zweck, insbesondere der handlungs- und produktionsorientierten Verfahren des Lückentextes und des inneren Monologs, zeigte jedoch Erfolge: Die Einsicht in die Sinnhaftigkeit dieser Herangehensweise führte zu einer größeren Akzeptanz bei einer Mehrzahl der Schüler/innen. Die Bereitschaft, sich auf diese Formen der Texterschließung einzulassen, wuchs.

4. Begründung der Themenwahl und Sachstrukturanalyse

4.1 Überlegungen zur Unterrichtsreihe[2]

Die von mir eingesehene fachdidaktische Literatur stellt die Bedeutung expressionistischer Lyrik[3] für die Entwicklung der modernen Lyrik des 20. Jahrhunderts heraus: Inhaltlich findet insbesondere eine Auseinandersetzung mit *den* Themen des beginnenden 20. Jahrhunderts - *Großstadt, Technisierung, Krieg* und *Weltuntergang* – und daraus resultierend die Reflexion der Erfahrung von *Anonymität, Fremdbestimmung* und *Ich-Verlust* statt; formal greifen die expressionistischen Lyriker zwar auf Elemente der traditionellen poethischen Ästhetik zurück, entwickeln diese jedoch weiter, brechen bewusst mit der Tradition.

Während einerseits die literaturhistorische Bedeutung expressionistischer Lyrik herausgestellt und als Begründung für deren Behandlung im Unterricht angeführt werden kann, sind andererseits auch die Hürden bei der Erschließung expressionistischer Gedichte im Unterricht zu nennen: Der sprachexperimentelle Charakter expressionistischer Lyrik mutet den Schüler/innen zunächst fremd an und erfordert beim „ersten Kontakt" mit einer oft nicht ganz aufzulösenden Bildlichkeit einen recht großen kognitiven und imaginativen Aufwand. Diesem anfänglichen Befremden kann durch einen kreativen Umgang mit den literarischen Texten begegnet werden, wie er durch handlungs- und produktionsorientierte Verfahren der Texterschließung ermöglicht wird.[4]

Einen affektiven Zugang zu Themen der expressionistischen Epoche, insbesondere zum Themenschwerpunkt der Unterrichtsreihe (*Großstadterfahrungen*) fanden die Schüler/innen über vier Gemälde des frühen 20. Jahrhunderts.[5] Schriftliche Verfahren des handlungs- und produktionsorientierten Literaturunterrichts – wie das

---

[2] Vgl. dazu Frank; Schläbitz & Pappas; Werner.

[3] Auf eine Problematisierung des Epochenbegriffs soll an dieser Stelle verzichtet werden, zumal beispielsweise Schläbitz und Pappas „aus Gründen der didaktischen Reduktion" eine „Typisierung" vorschlagen oder zumindest nahe legen (vgl. Schläbitz, Pappas, S. 9).

[4] Vgl. dazu Haas/Menzel/Spinner.

[5] George Grosz „Metropolis" (1916/17); George Grosz: „ohne Titel" (1925); Jakob Steinhardt „Die Stadt" (1913); Ludwig Meidner „Ich und die Stadt" (1913).

Verspuzzle, der Lückentext, das Fortschreiben eines Gedichtfragments, das Verfassen eines inneren Monologes bzw. eines Parallelgedichts – ermöglichten im weiteren Verlauf eine induktive Erschließung von bzw. eine kreative Auseinandersetzung mit inhaltlichen und auch formalen Besonderheiten expressionistischer Lyrik: Gedichtform *Sonett*, häufiger Gebrauch von Enjambements, Zeilenstil, Simultantechnik und für die Epoche charakteristische Gestaltungsmittel wie Metapher, Personifikation, Verdinglichung, Verwendung von Adjektiven als Stimmungsträger.

Die Konzeption der Unterrichtsreihe entspricht den Vorgaben des RLPs für die gymnasiale Oberstufe in Bezug auf die fachliche und methodische Kompetenzförderung: Es wird schwerpunktmäßig die fachbezogene Kompetenz des Lesens, Erschließens und Bewertens literarischer Texte gefördert, wobei im RLP explizit darauf hingewiesen wird, dass die Schüler/innen „unterschiedliche Methoden und Verfahren der Texterschließung" kennen, diese zunehmend selbstständig anwenden und sicher beherrschen (vgl. RLP, S. 10 und 12). Die behandelten Gedichte wurden in formaler wie inhaltlicher Hinsicht in den historischen Kontext eingeordnet, nachdem die Schüler/innen sich historische und gesellschaftliche Zusammenhänge anhand von Primär- und Sekundärtexten erarbeitet hatten (vgl. RLP, S. 12).

Im Hinblick auf die heutige Stunde ist die Tatsache von Bedeutung, dass im bisherigen Verlauf der Reihe ausschließlich Gedichte erarbeitet wurden, in denen ein zwar inhaltlich variierendes – jedoch ohne Ausnahme negativ konnotiertes Stadtbild vermittelt wurde. Im Zentrum der Aufmerksamkeit stand dabei der Mensch und seine Großstadterfahrungen:

- Im Wolfensteins „Städter", beispielsweise, sieht sich der Mensch mit der Anonymität der Großstadt konfrontiert. Ein Rückzug in den privaten Raum ist nicht möglich. Es bleibt: die Einsamkeit. Das Stadtbild ist insbesondere durch die Enge der „dicht gedrängten" Häuser gekennzeichnet

- In Heyms *Der Gott der Stadt* ist die Großstadtgewalt im alles beherrschenden und durch nichts zu besänftigenden *Baal* personifiziert, der die Stadt - trotz ihrer Opfergaben (Personifikation) – letztendlich der Zerstörung preisgibt. Die Stadt weist typische Merkmale einer Industriestadt des beginnenden 20. Jahrhunderts auf (*der Schlote Rauch, die Wolken der Fabrik, schwarze Winde, schwarzer Türme Meer, … Wetter schwelt…*).

- Die Erfahrung des Verlustes von Sinn und Ordnung wird in Lichtensteins *Die Dämmerung* eindrücklich durch die Technik des Reihungsstils „in Form" gebracht.

- Die Trostlosigkeit und Kälte des Alltags eines Fabrikarbeiters in Zechs *Fabrikstraße tags* brachten die Schüler/innen mit dem zeithistorischen Hintergrund der Epoche des Expressionismus in Verbindung. Das Stadtbild ist gekennzeichnet von Monotonie, Kälte, das Fehlen von Natur und eine unerträgliche Enge (*Nichts als Mauern. Ohne Gras und Glas…* bzw. *Keine Zuchthauszelle klemmt/ in ein Eis das Denken wie dies Gehn/ zwischen Mauern, die nur sich besehn.*)

4.2 Sachstrukturanalyse

„*Ein Gedicht ist ein Geheimnis, dessen Schlüssel der Leser suchen muss.*" (Mallarmé)

So überschreibt Ursula Frank die Einführung in ihre Unterrichtsmaterialien zur „Lyrik des Expressionismus".[6] Dieses Bild vom Gedicht als einem Geheimnis, das sich dem Leser nur erschließt, wenn er den passenden „Schlüssel" gefunden hat, scheint mit Blick auf Oskar Loerkes Sonett „Blauer Abend in Berlin" geschaffen worden zu sein: Das 1911 im Gedichtband „Wanderschaft" erschienene Stadtgedicht beschreibt die Stadt in verfremdeter Sicht:[7] Die in vielen expressionistischen Gedichten durch Industrie und Trostlosigkeit gekennzeichnete Großstadt wird in

---

[6] Frank, S. 1.

[7] Das Gedicht „Blauer Abend in Berlin" ist in der Form des Sonetts geschrieben. Die strenge Form wird durch Enjambements gemildert. Das Reimschema ist abba abba cdd cdd mit zumeist weiblichen Kadenzen (Ausnahme: die beiden letzten Verse der Terzette). Das Metrum ist der fünfhebige Jambus.

eine Wasserlandschaft[8] von nunmehr ambivalenter Bedeutung übertragen. Erst die „Entschlüsselung" dieses Stadtbildes, das in den ersten sechs Versen des Sonetts mit Hilfe von Sprachbildern aus dem Wortfeld *Wasser* gekennzeichnet wird, verschafft dem Leser Zutritt zum Geheimnis *Gedicht*.

Werner mutmaßt, diese „Vision" könne durch „konkrete Anschauung" entstanden sein: „Beim Blick auf die vom abendlichen Licht beleuchtete Stadt erscheinen die illuminierten Straßen wie Wasserläufe (Kanäle)."[9] So werden durch den einfallenden Abend (vgl. Titel) die Straßen zu Kanälen (Gleichsetzung), in denen der „Himmel fließt", die sogar „voll vom Himmelblauen" sind, erscheinen dem lyrischen Ich die „Kuppeln" der Stadt wie „Bojen", die „Schlote" der Fabriken wie „Pfähle" und die schwarzen Rauchschwaden der Industriestadt („schwarze Essendämpfe") werden mit „Wasserpflanzen" verglichen. Das durch diese Vergleiche und Gleichsetzungen gekennzeichnete Stadtbild weist einerseits für den Expressionismus typische Elemente großstädtischen Lebensraums auf (→ steinerne Kanäle, zu Kanälen steilrecht ausgehauene Straßen, schwelende schwarze Essendämpfe). Andererseits wird das in vielen Gedichten sehr stark negativ konnotierte Bild im *Blauen Abend* abgemildert: Neben dem Begriff *Wasser*, sind auch die Begriffe *fließen, Boje, Wasserpflanzen* positiv konnotiert. Das Adjektiv *blau* vermittelt – im Gegensatz zu den typischerweise benutzen Farbadjektiven *schwarz* und *rot* – ein eher besänftigendes, beruhigendes Stadtbild. In dem Bild der „Straßen, voll vom Himmelblauen" drückt sich die Aufwertung der Stadt besonders deutlich aus.

Insgesamt betrachtet wird im *Blauen Abend* also ein ambivalentes Bild von Stadt vermittelt, das für die Schüler/innen in dieser Form neu ist.

Im zweiten Teil des Gedichts (ab Vers 7) wird das Bild des Wassers auf die Menschen („Leben") ausgedehnt: Diese „stauen" sich „ganz am Grunde" des Kanals – der Blick des lyrischen Ichs fällt nun von oben auf eine große anonyme Menschenmasse, die

---

[8] Der Begriff *Wasserlandschaft* ist nur *ein* möglicher Begriff für das durch Vergleiche und Gleichsetzungen von Elementen aus dem Bereich *Wasser* mit Elementen aus dem Bereich *Stadt* geprägte Stadtbild. Im Unterricht wird vermutlich eher von *Stadt im Wasser, Verbindung zwischen Stadt und Wasser, Wasser-Welt, Unterwasserstadt* o.ä. gesprochen.
[9] Vgl. Werner, S. 90.

sich in den Straßenschluchten drängt. Die Vergleiche der Menschen mit „eines Wassers Bodensatz und Tand" (V. 10) und mit „grobe[m] bunte[m] Sand" (V. 13) unterstreicht das Bild von gesichtslosen, entindividualisierten Menschen in der Großstadtzivilisation.

Ähnlich wie in Heyms *Der Gott der Stadt* (1910) gibt es auch im vorliegenden Gedicht, eine Kraft, der die Menschen letztendlich ausgeliefert sind: dem Wasser (bzw. Himmel). Im Gegensatz allerdings zu *Baal*, dem *Gott der Stadt*, ist diese Macht nicht brutal und von Zorn erfüllt, sondern sie lenkt die Menschen nach vernünftigen Gesetzen: mit „Wille und Verstand". Während die Menschenmasse in Heyms Gedicht ihrem (selbst erschaffenen) Götzen schutzlos ausgeliefert ist, werden die Menschen im *Blauen Abend* von einer elementaren Kraft (der des Wassers) gehalten und *gelenkt*. Der Mensch wird von dieser Kraft auf eine spielerische, anmutige Art und Weise mal in den Zustand der Unordnung (einer Masse), mal in den Zustand der Ordnung (eines Einzelnen) versetzt: „Gemengt, entwirrt nach blauen Melodien" (→ Antithese).

Werner ist der Ansicht, dass im vorliegenden Gedicht, „in dem Natur (Himmel/Wasser) und Zivilisation (Stadt) im poetischen Bild wieder zusammenfinden", der Mensch nicht mehr als „entfremdetes Massenwesen […] sondern letztlich gehalten und aufgehoben in der Ordnung der Lebensform ‚Stadt' dargestellt ist.[10] Dabei lässt er meiner Ansicht nach jedoch die latente Bedrohung außer Acht, die von der „großen Wellenhand" ausgehen könnte: Sie treibt ihr „lindes Spiel" mit den Menschen – ein Bild, das insbesondere durch das Adjektiv *lind* sanft, anmutig, ja zärtlich wirkt. Die Menschen – sie werden verglichen mit grobem buntem Sand (Verdinglichung, V. 13) - sind jedoch im System *Wasserwelt* lediglich Objekte, die dem „Spiel der großen Wellenhand", dem *Willen* des Wassers (Personifikation) ausgeliefert, auf seine Gunst und seinen *guten* Willen angewiesen sind. Worum es sich bei dieser übernatürlichen Macht handelt – ob womöglich um eine göttliche Instanz, um Schicksal usw. bleibt im Gedicht offen.

---

[10] Vgl. Werner, S. 91.

5. Begründung der Lehr- und Lernstruktur

Wie zu Beginn des vorherigen Kapitels dargelegt, ist die Darstellung der Stadt als eine Wasserlandschaft der Schlüssel zum Verständnis von Loerkes „Blauer Abend in Berlin".

Um die Begriffe aus dem Wortfeld *Wasser*, die Träger des vermittelten Stadtbildes sind, in den Mittelpunkt der Aufmerksamkeit zu rücken, habe ich mich für die **Methode** des Lückentextes entschieden. Im Gedichtfragment, das die Schüler/innen nach einem **informierenden Unterrichtseinstieg** in der **Erarbeitungsphase I** mit eigenen Wörtern ergänzen sollen, fehlen genau die Begriffe aus dem Wortfeld *Wasser*, so dass die Schüler/innen bei der Gegenüberstellung der eigenen Versionen des Gedichts eine *Differenzerfahrung* machen: Vermutlich wird kein Schüler, keine Schülerin die Lücken auf diese spezifische Art und Weise gefüllt haben (wenn auch ein ähnliche Vorgehensweise in Bezug auf das *Wortfeld* Gebirge denkbar ist)! Die besondere Wortwahl Loerkes fällt deshalb besonders in Auge, weil die Schüler/innen sich mit genau diesen Textstellen intensiv in einer Partnerarbeitsphase beschäftigt haben, jedoch aller Wahrscheinlichkeit nach zu ganz anderen Ergebnissen gekommen sind. Die Methode des Lückentextes ist also besonders geeignet, um den Schüler/innen diese Differenzerfahrung zu verschaffen.

Die Erarbeitungsphase I findet in Form einer Partnerarbeit statt, und zwar deshalb, weil die Schüler/innen zu zweit bessere Ideen entwickeln können als alleine und sie sich auch verbal mit dem Gedichtfragment, d.h. auch mit der Kennzeichnung der Stadt als Industriestadt, auseinandersetzen. Zudem sind einige Schüler/innen – trotz der wiederholten Anwendung der Methode – noch unsicher. Eine Gruppenarbeit hielte ich für unangebracht, da dann der Einigungsprozess langwieriger wäre. Obwohl die Bedeutung der Begriffe *Boje* (im Allgemeinen) und *schwelen* aus Heyms „Der Gott der Stadt" bekannt sein sollten, sind sie in einer Fußnote erläutert: Der Vergleich zwischen *Kuppeln* und *Bojen* kann nicht verstanden werden, wenn die Bedeutung von „Boje" unklar ist.

Die **Sicherung I** dieser ersten Erarbeitungsphase findet auf OH-Folie (1) statt, indem ein Schülerpaar sein Ergebnis vorstellt und erläutert. Die anderen Schüler/innen sind aufgefordert, das Ergebnis zu kommentieren, womit sie auch Bezug auf ihre eigene Wortwahl nehmen. Das Bewertungskriterium der Schülerprodukte ist in erster Linie die Kohärenz zum Ausgangstext (ggf. auch der Bezug zu anderen expressionistischen Stadtbildern).

Die **Gefahr** in dieser Phase des Unterrichts besteht darin, dass die Schüler/innen (samt Lehrperson) in die *Plauderfalle* tappen: Verschiedene durchaus mögliche – sich aber doch sehr ähnliche – Begriffe werden genannt, aufgezählt, ohne jedoch *wirkliche* Alternativen zu darzustellen. Ist dem so, muss die Lehrperson dies zwar würdigen, aber mit dem Hinweis darauf, dass „wir nun einen Schritt weiter gehen wollen", die Phase der Ergebnissicherung beenden.

Die **Erarbeitungsphase II** bildet insofern den Schwerpunkt der heutigen Stunde, als dass die Schüler/innen in dieser Phase den *Schlüssel* des Gedichts *entdecken*, d.h. das Bild der Wasserlandschaft erarbeiten. Die Methode des Lückenfüllens hat die Neugier auf den Originaltext geweckt: Die Schüler/innen sind gespannt, wie Loerke die gestellte *Aufgabe* bewältigt hat. Die aus der Gegenüberstellung des eigenen Textes mit dem Original resultierende Differenzerfahrung führt dazu, dass die Begriffe aus dem Wortfeld *Wasser* besonders ins Auge fallen. Dieses Aha-Erlebnis soll mit der gesamten Lerngruppe gemeinsam erlebt werden, weshalb die Schüler/innen den Text zunächst nur auf der OH-Folie (2) sehen und von einem Schüler vorgelesen bekommen. Die von den Schüler/innen beim Vergleich der eigenen Version mit dem Original benannten Wörter aus dem Wortfeld *Wasser* werden unterstrichen. Anschließend erarbeiten die Schüler/innen das spezifische Stadtbild in Gruppen (vgl. AB 2), indem sie die Vergleiche/Gleichsetzungen von Elementen aus dem Bereich *Wasser* mit Elementen aus dem Bereich *Stadt* in einer Tabelle zusammenstellen. Dabei fällt ihnen auf, dass (fast) alle Begriffe - d.h. *Straßen, Kuppeln, Schlote, schwarze Essendämpfe* – dem Oberbegriff *Stadt* zugeordnet werden können.

Die **Sicherung II** findet in Form einer Präsentation durch die Schüler/innen am OH-Projektor statt. Nachdem die Vergleiche/Gleichsetzungen vorgestellt worden sind, wird im Unterrichtsgespräch von den einzelnen Bildern abstrahiert. Die Schüler/innen erklären zusammenfassend, was durch die herausgestellten Bilder erreicht wird: eine Verbindung zwischen den Bereichen *Wasser* und *Stadt*, die Stadt als eine Wasserlandschaft/ - stadt...

Das in den Blick genommene Stadtbild des *Blauen Abends* soll nun **beurteilt** und in den Kontext anderer expressionistischer Gedichte gestellt werden. Möglicherweise benennen die Schüler/innen zunächst insbesondere negativ konnotierte Begriffe, da sie durch vorherige Gedichte oder ihre eigene Wortwahl auf eine negative Wahrnehmung festgelegt sind. Ggf. muss die Lehrperson ihre Aufmerksamkeit auf das deutlich positive Bild der „vom Himmelblauen" vollen Straßen lenken. Die ambivalente Darstellung der Stadt wird von der Lehrperson visualisiert, indem sie positiv bzw. negativ konnotierten Begriffe mit zwei verschiedenen Farben markiert. Anschließend wird das Gedicht in den Kontext anderer expressionistischer Stadtgedichte eingeordnet: Eine auch nur in Ansätzen positive Wahrnehmung der Stadt war bisher noch nicht Gegenstand des Unterrichts.

Wenn auch nicht explizit, so wird doch implizit am Ende der Stunde **ein Bogen** zur ersten Erarbeitungsphase geschlagen: Im Originalgedicht wird – vermutlich im Gegensatz zu den von Schülerhand entworfenen Gedichten – eine Aufwertung der Stadt intendiert. Die Frage, warum Loerke diese Begriffe gewählt hat, die bei der Präsentation des Originals implizit gestellt wird, können sich die Schüler/innen nun beantworten. Dieser Interpretationsdiskurs, an dessen Ende die Beurteilung des vorliegenden Stadtbildes steht, wurde durch die Methode des Lückenfüllens eingeleitet.

Falls die verbleibende Zeit es zulässt, erläutert die Lehrperson die **Hausaufgabe**, ansonsten ist der Arbeitsauftrag auch selbsterklärend. **Fakultativ** wird die Hausaufgabe insofern eingeleitet, als dass die Schüler/innen selbst Vermutungen dazu anstellen, welchen Platz die Menschen in der Stadt einnehmen.

6. Konkretisierung der Lehr- und Lernstruktur (Verlaufsplan)

Verlaufsplan

Zeit/Phase	LZ	Erwartetes Lehrerverhalten	Erwartetes Schülerverhalten	Sozialform/Medien
8:55-8:56h Einstieg (1')		L. begrüßt Schüler/innen (S.) L.: „Ihr werdet heute weiteres expressionistisches Stadtgedicht kennenlernen. Es trägt den Titel *Blauer Abend in Berlin* und wurde 1911 von Oskar Loerke geschrieben."	S. hören zu.	GU
8:56-9:07 Erarbeitung I (11')	FZ 1	L.: „Zunächst bekommt ihr Gedicht allerdings in unvollständiger Form, nämlich nur ersten 6 Verse und diese auch mit Lücken. → L. erläutert Arbeitsauftrag: „In jede Lücke soll nur ein Wort geschrieben werden, dabei geht es nicht darum, das Originalgedicht zu rekonstruieren, sondern darum Wörter zu finden, die in den Zusammenhang passen. Deshalb grübelt nicht zu lange, ihr habt 10min Zeit. Zwei Wörter sind in einer Fußnote erklärt, wenn ihr ein anderes Wort nicht versteht, fragt. Arbeitet zu zweit!" → L. verteilt AB 1, Folie 1 an 1 Paar.	Mögliches Ergebnis: Der Himmel <u>steht</u> in steinernen <u>Mauern</u>: Denn zu <u>Schluchten</u> steilrecht ausgehauen Sind alle Straßen voll vom Himmelblauen. Und Kuppeln gleichen <u>Ballons</u>, Schlote <u>Säulen</u> Im <u>Straßenverkehr</u>. Schwarze Essendämpfe schwelen Und sind wie <u>Gewitterwolken</u> anzuschauen.	PA AB 1 Folie 1
9:07-9:12h Sicherung I (5')	FZ 2	L.: „Zwei S. haben ihr Gedicht auf Folie geschrieben. Stellt es bitte vor! Lest zunächst Gedicht mit euren Ergänzungen vor und erläutert dann eure Wortwahl." (ggf.: „Begründet eure Wortwahl...!")	Ergebnis wird von S. auf OH-Folie präsentiert: Gedicht wird vorgelesen, eigene Wortwahl erläutert. Z.B.: Wir haben hier *Mauern* eingesetzt, weil vorher das Wort *steinern* steht, es muss also etwas aus Stein sein. *Schluchten* haben wir eingesetzt, weil etwas steil nach unten gehen muss (→ *steilrecht*) und auch aus Stein (→ *ausgehauen*). …	GU AB 1 Folie 1

Verlaufsplan

		L.: „Kommentiert das vorgestellte Ergebnis!" Ggf.: Inwiefern könnt ihr diese Wortwahl nachvollziehen?	*Gewitterwolken*, weil sich Rauchschwaden der Fabriken (*Essendämpfe*) am Himmel befinden und sehr dunkel (→ *schwarz*) sind, wie Gewitterwolken. → S. beziehen Stellung zu vorgestelltem Ergebnis, nennen ggf. Alternativen, bekunden Zustimmung zu gewählten Wörtern oder begründen am Text, warum sie Wortwahl nicht plausibel finden.	
9:12-9:22 Erarbeitung II (10')	FZ 3	L. legt Folie 2 (Original) unter Folie 1 und fordert S. auf, Gedicht vorzulesen.	S. liest Gedicht vor.	GU
		L.: „Vergleicht eure Wörter mit den Wörtern im Gedicht!" L. unterstreicht Wörter, während S. sie nennen.	„ganz andere Wörter", Wörter haben etwas mit Wasser zu tun S. benennen Wörter: ggf. *Blauer, fließt, Kanäle(n), ggf. Himmelblauen, Bojen, Pfählen, Wasser, Wasserpflanzen.*	Folie 2.1
		HI: „Benennt Begriffe, die etwas mit *Wasser* zu tun haben!"	→ Erwartungshorizont vgl. AB 2 im Anhang.	GA AB 2
	FZ 4	L.: „Diese Begriffe schaut ihr euch in Gruppen genauer an. Übernehmt auf dem AB zunächst die Unterstreichungen. Ihr werdet feststellen, dass einige dieser Elemente aus Bereich *Wasser* mit Elementen aus einem anderen Bereich verglichen bzw. gleichgesetzt werden. Tragt in Tabelle auf AB ein, womit sie verglichen bzw. gleichgesetzt werden und überlegt, welchem Oberbegriff die von euch notierten Begriffe zugeordnet werden können." → Eine G. macht Aufgabe		Folie 2.1/2.2

		1/2 auf Folie.		
9:22-9:30h Sicherung II (8')	FZ 4	L. fordert S. auf, die Folie vorzustellen.	S. stellen Ergebnis auf Folie vor (Erwartungshorizont im Anhang) und erläutern: - Himmel entspricht Wasser, denn er „fließt" in Kanälen, wie es sonst Wasser tut/wird mit Wasser gleichgesetzt - Die Straßen werden mit Kanälen gleichgesetzt („zu Kanälen […] ausgehauen/ Sind alle Straßen") - Kuppeln werden mit Bojen/Schlote mit Pfählen/ schwarze Rauchschwaden mit Wasserpflanzen verglichen. - Wörter alle aus Wortfeld *Stadt*. (Ausnahme: Himmel)	GU AB 2 Folie 2.1/2.2
		L.: „Fasst noch einmal zusammen, was durch diese Gleichsetzungen und Vergleiche erreicht wird!"	- Verbindung von Stadt und Wasser - Stadt unter Wasser/im Wasser/ versunkene Stadt - Unter-Wasserwelt entsteht - alle Teile der Stadt bestehen aus Wasser	
		→ L. sichert Ergebnis auf Folie 2.		
9:30-9:39h Beurteilung (9')	FZ 5	L.: „Beurteilt diese Sicht auf die Stadt!" HI: „Inwiefern, wird die Stadt positiv oder negativ gesehen?" L. markiert die von S. genannten positiv bzw. negativ besetzten Wörter in verschied. Farben auf OH-Folie. Ggf.: „Belegt das am Text!"	- Die Stadt wird negativ dargestellt/gesehen. - Begriffe wie z.B. steinern, (Kanäle), steilrecht, ausgehauen, Schlote, schwarz, Essendämpfe, schwelen; (ggf. Wasserpflanzen) deuten darauf hin, dass lyrisches Ich die Stadt negativ sieht/wahrnimmt. - Sicht auf Stadt in Teilen auch positiv. -Begriffe wie z.B. (blau), Himmel, fließt, voll vom Himmelblauen, Kuppeln, Bojen, (ggf. Wasser,	GU Folie 2

Verlaufsplan

	L.: „Vergleicht dieses Bild von der Stadt mit anderen Stadtbildern in expressionistischen Gedichten!" HI: „Inwiefern weist dieses Bild von Stadt Unterschiede oder Gemeinsamkeiten zu anderen expressionistischen Stadtbildern auf?"	Wasserpflanzen) deuten darauf hin, dass das lyrische Ich die Stadt positiv sieht/wahrnimmt. → ambivalente Sicht auf Stadt. Gemeinsamkeiten, z.B.: -Kennzeichnung der Stadt als Industriestadt (Schlote, schwarzer Rauch), - hart, kalt (steinern), - menschenunfreundlich (steilrecht ausgehauene Straßen), - schmutzig, bedrohlich, dunkel (schwarze Essendämpfe schwelen). Unterschiede, z.B.: -Wahrnehmung als Wasser-Stadt - Wörter, die positiveres/freundlicheres Stadtbild vermitteln: blauer (Abend), fließt, voll vom Himmelblauen, Kuppeln, Bojen, Wasser, Wasserpflanzen.	
9:39-9:40h HA (1')	L.: „In der Hausaufgabe schaut ihr euch das Gedicht in seiner vollen Länge im Hinblick auf die Menschen an!" L. erläutert ggf. den Arbeitsauftrag und teilt AB aus.		GU
fakultativ	L.: „Stellt Vermutungen an, welchen Platz die Menschen in einer solchen Wasser-Stadt einnehmen könnten!	z.B.: Die Menschen... - ertrinken in der Stadt - als *Menschenmasse*	GU

Verlaufsplan

Ggf.: „Inwiefern liefert der Text Hinweise darauf, dass diese Vermutung(en) zutreffen?"	- (sind kleine Wassertiere) - (fahren auf Booten auf Stadt)
L.: „Überprüft als Hausaufgabe diese Vermutungen am Gedicht (→ abschreiben). L. erläutert Arbeitsauftrag…	- Wahrnehmung der Stadt als (Unter-)Wasserstadt → Menschen ertrinken; auf Booten - typische express. Großstadt → Menschenmasse; - schöne Wasserwelt → Menschen als Seepferdchen.

Groblernziel

Die Schüler/innen erkennen die Darstellung der Stadt als eine Wasserlandschaft im ersten Teil des Gedichts „Blauer Abend in Berlin", beurteilen diese Sicht auf die Stadt und vergleichen das so vermittelte Stadtbild mit Stadtbildern in anderen expressionistischen Stadtgedichten.

Feinlernziele

Die Schüler/innen …

FZ 1: … setzen sich mit dem Inhalt des vorliegenden Gedichtfragments auseinander, indem sie die Lücken mit passenden Wörtern füllen.

FZ 2: … setzen das Gedichtfragment mit den von ihnen gewählten Wörtern in Beziehung, indem sie ihre Wortwahl begründen/erläutern bzw. das vorgestellte Ergebnis kommentieren.

FZ 3: … erkennen, dass die im ersten Teil des Gedichts „Blauer Abend in Berlin" verwendeten Wörter aus dem Wortfeld *Wasser* stammen, indem sie die von ihnen eingesetzten Wörter mit den im Gedicht verwendeten Wörtern vergleichen.

Verlaufsplan

FZ 4: ... erkennen die Verbindung der Bereiche *Wasser* und *Stadt*, indem sie die Vergleiche und Gleichsetzungen aus den Bereichen *Wasser* und *Stadt* notieren und diese Gegenüberstellung deuten.

FZ 5: ... beurteilen das dargestellte Stadtbild, indem sie das Gedicht zu anderen expressionistischen Stadtgedichten in Beziehung setzen.

7. Operationsobjekte

- AB 1
- OH-Folie 1
- OH-Projektor
- Folienstifte
- AB 2
- OH-Folie 2
- AB 3

8. Verwendete Literatur

Frank, Ursula (2002): Lyrik des Expressionismus. Deutsch betrifft uns, Nr. 4/2002. Aachen.

Haas, Gerhard; Menzel, Wolfgang; Spinner, Kasper (1994) : Handlungs- und produktionsorientierter Literaturunterricht. In: Praxis Deutsch.

Schläbitz, Norbert; Pappas, Katharine (2007): Unterrichtsmodell: Expressionismus. Hrsg.: Diekhans, Johannes: Einfach Deutsch. Braunschweig, Paderborn, Darmstadt.

Schubert-Felmy, Barbara; Schubert, Kristina (2007): Die Stadt. Erfahrungen und Reflexionen vom späten 19. Jahrhundert bis in die Gegenwart. Hrsg.: Diekhans, Johannes: Einfach Deutsch. Braunschweig, Paderborn, Darmstadt.

Werner, Rainer (1994): Lyrik in der Sekundarstufe II. 20 handlungs- und produktionsorientierte Vorschläge. 1. Auflage. Stuttgart. Dresden.

Senatsverwaltung für Bildung, Jugend und Sport Berlin: Rahmenlehrplan für die gymnasiale Oberstufe. Deutsch. (Zitiert als „RLP" mit Angabe der Seitenzahl.)

9. Anhang

- AB 1/OH-Folie 1: Lückentext, Arbeitsauftrag (leer)

- AB 1/OH-Folie 1 (mit antizipiertem Ergebnis)

- AB 2: Original-Gedicht (6 Verse), Arbeitsauftrag (leer)

- AB 2 (mit antizipiertem Ergebnis)

- OH-Folie 2 (mit antizipiertem Ergebnis)

- AB 3 (Hausaufgabe)

Blauer Abend in Berlin

Der Himmel _____ in steinernen _____ ;

Denn zu _____ steilrecht ausgehauen

Sind alle Straßen, voll vom Himmelblauen.

Und Kuppeln gleichen _____ , Schlote _____

Im _____ . Schwarze Essendämpfe[11] schwelen[12]

Und sind wie _____ anzuschauen.

[...]

(Oskar Loerke, 1911)

Arbeitsauftrag (Partnerarbeit, 10 min):

Fülle – in Absprache mit deinem Sitznachbarn – die Lücken aus, so dass ein Sinn

entsteht! In jede Lücke soll nur ein Wort eingefüllt werden.

→ Das Reimschema brauchst du nicht zu berücksichtigen!

---

[11] „Esse" (in „Essendämpfe") bedeutet hier: Schornstein, Schlot.
[12] schwelen: langsam rauchend verbrennen.

Blauer Abend in Berlin

Der Himmel _steht_   in steinernen _Mauern_;

Denn zu _Schluchten_ steilrecht ausgehauen

Sind alle Straßen, voll vom Himmelblauen.

Und Kuppeln gleichen _Ballons,_ Schlote _Säulen_

Im _Straßenverkehr_. Schwarze Essendämpfe[13] schwelen[14]

Und sind wie _Gewitterwolken_ anzuschauen.

[…]

(Oskar Loerke, 1911)

Arbeitsauftrag (Partnerarbeit, 10 min):

Fülle – in Absprache mit deinem Sitznachbarn – die Lücken aus, so dass ein Sinn

entsteht! In jede Lücke soll nur ein Wort eingefüllt werden.

→ Das Reimschema brauchst du nicht zu berücksichtigen!

---

[13] „Esse" (in „Essendämpfe") bedeutet hier: Schornstein, Schlot.

[14] schwelen: langsam rauchend verbrennen.

Blauer Abend in Berlin

Der Himmel fließt in steinernen Kanälen;

Denn zu Kanälen steilrecht ausgehauen

Sind alle Straßen, voll vom Himmelblauen.

Und Kuppeln gleichen Bojen[15], Schlote Pfählen

Im Wasser. Schwarze Essendämpfe schwelen

Und sind wie Wasserpflanzen anzuschauen.

Arbeitsauftrag (Gruppenarbeit, 8 min):

1. In dem Gedicht „Blauer Abend in Berlin" werden Elemente aus dem Bereich *Wasser* mit Elementen aus einem anderen Bereich verglichen oder gleichgesetzt. Notiere in der Tabelle unten, womit die Elemente aus dem Bereich *Wasser* verglichen bzw. gleichgesetzt werden.

2. Benenne anschließend einen Oberbegriff, dem sich die von dir notierten Begriffe zuordnen lassen, und schreibe ihn in den Tabellenkopf.

Gleichsetzungen und Vergleiche

Elemente aus dem Bereich <u>Wasser</u>	Elemente aus dem Bereich _____

---

[15] Boje: verankertes, kugelförmiges Seezeichen aus Plastik, das auf dem Wasser schwimmt und als Orientierung, z.B. für Schiffe und Schwimmer, dient.

Blauer Abend in Berlin

Der Himmel fließt in steinernen Kanälen;

Denn zu Kanälen steilrecht ausgehauen

Sind alle Straßen, voll vom Himmelblauen.

Und Kuppeln gleichen Bojen[16], Schlote Pfählen

Im Wasser. Schwarze Essendämpfe schwelen

Und sind wie Wasserpflanzen anzuschauen.

Arbeitsauftrag (Gruppenarbeit, 8 min):
1. In dem Gedicht „Blauer Abend in Berlin" werden Elemente aus dem Bereich *Wasser* mit Elementen aus einem anderen Bereich verglichen oder gleichgesetzt. Notiere in der Tabelle unten, womit die Elemente aus dem Bereich *Wasser* verglichen bzw. gleichgesetzt werden.
2. Benenne anschließend einen Oberbegriff, dem sich die von dir notierten Begriffe zuordnen lassen, und schreibe ihn in den Tabellenkopf.

Gleichsetzungen und Vergleiche

Elemente aus dem Bereich Wasser	Elemente aus dem Bereich (Groß-)Stadt
Wasser	Himmel
Kanäle	Straßen
Bojen	Kuppeln
Pfähle	Schlote
Wasserpflanzen	Essendämpfe

---

[16] Boje: verankertes, kugelförmiges Seezeichen aus Plastik, das auf dem Wasser schwimmt und als Orientierung, z.B. für Schiffe und Schwimmer, dient.

Blauer Abend in Berlin

Der Himmel fließt in steinernen Kanälen;

Denn zu Kanälen steilrecht ausgehauen

Sind alle Straßen, voll vom Himmelblauen.

Und Kuppeln gleichen Bojen, Schlote Pfählen

Im Wasser. Schwarze Essendämpfe schwelen

Und sind wie Wasserpflanzen anzuschauen.

Gleichsetzungen und Vergleiche

Elemente aus dem Bereich Wasser	Elemente aus dem Bereich Stadt	Verbindung von *Stadt*
Wasser	Himmel	*und Wasser,*
Kanäle	Straßen	*(Unter-)*
Bojen	Kuppeln	*Wasserstadt*
Pfähle	Schlote	*entsteht*
Essendämpfe (Rauch)	Wasserpflanzen	

Stadtbild wird

positiver beschrieben /

ist freundlicher

30

Blauer Abend in Berlin

Der Himmel fließt in steinernen Kanälen;
Denn zu Kanälen steilrecht ausgehauen
Sind alle Straßen, voll vom Himmelblauen.
Und Kuppeln gleichen Bojen, Schlote Pfählen

Im Wasser. Schwarze Essendämpfe schwelen
Und sind wie Wasserpflanzen anzuschauen.
Die Leben, die sich ganz am Grunde stauen,
Beginnen sacht vom Himmel zu erzählen,

Gemengt, entwirrt nach blauen Melodien.
Wie eines Wassers Bodensatz und Tand[17]
Regt sie des Wassers Wille und Verstand

Im Dünen[18], Kommen, Gehen, Gleiten, Ziehen.
Die Menschen sind wie grober bunter Sand
Im linden Spiel der großen Wellenhand.

(Oskar Loerke, 1911)

Aus: Oskar Loerke: Die Gedichte. Frankfurt. 1984.

Hausaufgabe:

1. Unterstreiche zunächst alle Textstellen in dem Gedicht, in denen es um die Menschen in der Stadt geht!
2. Notiere für jede unterstrichene Textstelle am Rand des Gedichts, was über die Menschen bzw. ihr Leben in der Stadt ausgesagt wird!

---

[17] Tand: Spielzeug, wertloses Zeug
[18] Dünen (Verb): sich auftürmen